NOTICE NÉCROLOGIQUE

sur

M. RACTMADOUX

ANCIEN DIRECTEUR DE LA COMPAGNIE DES MINES

DE SAINT-CHAMOND

SAINT-ÉTIENNE,

IMPRIMERIE Vᵉ THÉOLIER ET Cⁱᵉ

Rue Gérentet, 12.

1866.

NOTICE NÉCROLOGIQUE

SUR

M. RACTMADOUX

ANCIEN DIRECTEUR DE LA COMPAGNIE DES MINES

DE SAINT-CHAMOND

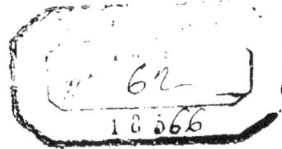

La vie de M. Ractmadoux s'est écoulée sans éclat : une lueur tranquille dans un ciel pur. Mais ayant déployé un talent réel et pratiqué la religion du devoir dans l'exercice de sa profession, ayant montré une indulgente bonté dans ses relations et un dévouement constant dans ses affections, il laisse une mémoire honorée de tous, un souvenir cher à sa famille et à ses amis.

Né en 1803 à Metz, il s'était préparé d'abord aux examens d'admissions de l'Ecole polytechnique, puis entra, en 1824, à l'Ecole des mineurs de Saint-Etienne. Il obtint le brevet en 1826, et fut appelé aux mines de Bousquet (Aveyron), qu'il dirigea pendant cinq ans. Les travaux qu'il fit exécuter permirent de reconnaître dans l'étendue de la concession quatre couches exploitables ; le n° 3 donnait du charbon de première qualité, et assura pendant un certain temps à l'exploitation une prospérité satisfaisante.

En 1831, il prit la direction des mines de Layon et Loire, dans le département de Maine-et-Loire. Les couches de la Baye-Longue, situées dans le terrain dévonien, ne donnaient qu'un anthracite sec et brillant, mais convenant bien à la fabrication de la chaux dont on faisait un grand usage dans la culture des terres siliceuses ou argileuses. Pour en faciliter l'écoulement, M. Ractmadoux exécuta un chemin de fer de 21 kilomètres, reliant la mine à la Loire; le prix de construction du mètre courant atteignit à peine 15 fr.

Dans cette période de début, M. Ractmadoux se fit remarquer par l'active impulsion imprimée aux travaux et l'habile organisation des divers détails de l'exploitation.

Aussi les actionnaires de la compagnie de Bert, voulant sortir leur mine de la situation languissante où elle se traînait depuis l'origine, s'empressèrent de porter leur choix sur un ingénieur aussi distingué. A l'assemblée générale du 15 février 1838, le gérant disait : « En présence des difficultés à vaincre, je ne me suis chargé de cette affaire qu'après l'avoir examinée sous toutes ses faces, et surtout qu'après avoir déterminé à accepter la direction des travaux M. Ractmadoux, dont la haute capacité et le talent éprouvé comme ingénieur et comme administrateur étaient pour moi une garantie de succès. »

M Ractmadoux entra en fonctions à la fin de l'année 1836, et, dès son arrivée, se mit à l'œuvre avec ardeur. La face des choses changea rapidement, et voici en quels termes le constatait M. Burdin, ingénieur en chef des mines, à la fin de son rapport du 17 mai 1837 : « Ledit ingénieur loue les concessionnaires actuels de l'ordre qu'il a enfin trouvé rétabli dans la mine, des travaux de recherche entrepris, des réparations effectuées, et les félicite du soin et de la régularité avec laquelle les ouvriers sont non-seulement payés, mais encore secourus en cas de besoin et d'accident. »

M. Ractmadoux avait tout à créer à Bert. Il dut construire des bureaux, une maison pour le directeur, une forge, un logement pour les ouvriers. Il fallut pousser rapidement les travaux de recherche, améliorer les routes pour le transport des charbons, et installer un lavage pour faciliter l'écoulement des houilles impures. Le lavage n'avait guère été pratiqué jusque-là. A Bert, on se borna d'abord à l'emploi des caisses à eau courante. Il y avait un déchet considérable, ce que M. Ractmadoux parvint à éviter en appliquant le système qu'il a depuis perfectionné à la mine de Saint-Chamond. M. Burat, en rappelant cette antériorité dans son Traité de géologie, explique que les caisses allemandes furent remplacées par des caisses à piston, celles-ci étant disposées de telle façon qu'au moment où la houille était soulevée, un jet d'eau horizontal la repoussait sur un tablier extérieur, tandis que les schistes retombaient au pied.

Les conditions de transport entravant le développement des ventes, la nécessité de relier la mine à la Loire par une voie plus rapide et plus économique poussa à la création d'un chemin de fer. A cette époque, (1838) c'était chose encore nouvelle et par conséquent difficile ; il n'y avait pas de loi d'expropriation et tous les terrains nécessaires furent achetés à l'amiable. L'habile ingénieur, qui avait déjà fait ses preuves à la Baye-Longue, se tira également avec honneur des difficultés de la construction. Le chemin de fer recevait les charbons au pied d'un plan incliné de 500 mètres de longueur, embrassait un parcours total de 24 kilomètres sur lequel il y avait un développement de ponts et de ponceaux de 732 mètres ; largeur de la voie entre les rails, 0,90. Dans la vallée du Graveron, la pente variait de 9 à 4 millimètres, et le transport s'effectuait par des chevaux. Dans la vallée de la Bèbre, la remorque sur une longueur de 12 kilomètres s'opérait par des locomotives du poids de six tonnes sortent des ateliers de M. Verpilleux, de Rive-de-Gier. Le prix du mètre courant de chemin, déduction faite des achats de terrain, s'élevait à peine à seize francs. Le déchargement des wagons dans les bateaux se faisait à l'aide d'un pont mobile à contrepoids, les wagons ayant à l'avant une porte-volet ; c'est le premier ou l'un des premiers exemples de cette disposition dans les mines françaises.

Dans sa visite du 9 juillet 1841, M. Boulanger, ingénieur ordinaire des mines, résumant son rapport, « trouvait un grand développement des travaux, une exploitation économique, un chemin de fer bien installé et fonctionnant bien, un triage des charbons exécuté avec un grand soin et un grand avantage pour l'écoulement ; le lavage des menus passés à la claie donnant des charbons de forge ; enfin la direction sous le point de vue de la question d'art ne laissant rien à désirer. »

Dans son désir d'étendre les débouchés de la mine, M. Ractmadoux fonda également une petite société pour la fabrication de la chaux dans des fours à la houille, à Châtel-Perron : son but était doublé ; il entendait également propager l'emploi de la chaux dans l'agriculture en lui livrant cette matière à bon marché. Effectivement, soit par la société elle-même, soit par les concurrents qui s'empressèrent de l'imiter, le prix de la chaux qui était de 4 à 5 fr. le tonneau tomba rapidement à la moitié, et même plus bas.

C'est également à cette période qu'il faut rapporter les études d'un chemin de fer qui devait relier les mines de Doyet et de de Bezenet au chemin de fer projeté de Commentry ; l'exemple du chemin de fer de Bert démontrait trop clairement les avantages de ce mode de traction et l'habileté de celui qui en avait dirigé toutes les installations principales.

En 1842, nous voyons M. Ractmadoux à la direction des mines de Monthieux ; mais comme les actionnaires de Bert tenaient beaucoup à son concours, il était resté leur ingénieur-conseil avec condition de visiter leur mine une fois par mois.

Il ne passa qu'un an aux mines de Monthieux ; dans ce rapide passage, il fit au puits Saint-Simon une découverte importante pour l'avenir de la concession (celle de la couche n° 3), un peu malgré les administrateurs qui furent, il est vrai, enchantés d'un tel succès, et lui adressèrent une lettre de félicitation le 22 avril 1843. Voici le dernier paragraphe de cette lettre : « Nous devons la découverte de la troisième couche au puits Saint-Simon à vos sages et sûres combinaisons ; vous avez tout le mérite de ce résultat qui a été aussi prompt que décisif. Le conseil est on ne peut plus satisfait de la mission que nous vous avons confiée. Veuillez en agréer ici le témoignage, etc. »

A la même époque, il contribuait activement à reconstituer
le Comité de la correspondance des élèves brevetés de l'Ecole
des mineurs de Saint-Etienne.

En 1843, il devint directeur des mines de Bérard, où il
améliora non-seulement les conditions de l'exploitation souterraine, mais surtout celles du service extérieur, organisant des
estacades, des ponts mobiles anologues à celui du chemin de fer
de Bert pour verser les menus et des balances sèches pour des-
cendre les gros charbons. Il avait commencé la recherche de
la 13e, mais on s'entendit bientôt avec la Compagnie du Treuil
pour faire à frais communs, au puits de la Pompe, cette intéres-
sante recherche, qui, après diverses interruptions, aboutit seu-
lement en 1855.

Il coopéra, pour une grande part, aux projets et à la forma-
tion du groupe des houillères de Saint-Etienne, dont il fut
nommé ingénieur principal en 1844, (M. Marin étant directeur).
Ce groupe, comprenait les mines de Méons, la Roche, Bérard
et Grangette; et la fusion aurait été avantageuse à l'industrie
minérale aussi bien qu'aux intéressés, si l'on s'était arrêté à
des combinaisons de même ordre.

Survint, en 1845, la fusion du groupe de Saint-Etienne avec
celui de Rive-de-Gier, fusion moins durable.

A la suite de cette fusion, des scrupules honorables décidèrent
M. Marin et M. Ractmadoux a donner leur démission.

De 1846 à 1848, nous ne connaissons de la vie que nous ra-
contons qu'une assez longue excursion en Piémont. M. Ractmadoux avait été appelé pour organiser l'exploitation des mines
de lignite qu'on avait découvertes à Nucetto, province de Mon-
dovi, sur les bords du Tanaro. Il étudia l'affaire pendant plusieurs mois et présenta ensuite un rapport complet aux actionnaires. Malheureusement ses conseils ne furent pas suivis, le
principal intéressé ne pouvant fournir les avances nécessaires
pour la suite des travaux. M. Ractmadoux eut peine à recou-
vrer même ses frais de voyages. Les finances n'ont jamais été
brillantes en Italie.

En 1848, M. Ractmadoux fut choisi pour directeur de la Société des mines de Saint-Chamond, Société qui venait d'être reconstituée sur des bases solides et durables. Il s'attacha d'abord à établir une organisation méthodique, soit pour faire marcher de proche en proche les reconnaissances des couches et le déhouillement complet de la concession, soit pour suivre régulièrement les dépilages dans chaque puits, soit pour donner à prix fait tous les travaux compatibles avec la régularité des triages extérieurs et la sécurité de l'exploitation souterraine. A cet égard, nous croyons difficile de mieux faire, plus économiquement et avec une comptabilité aussi claire. Le lavage des charbons fut installé d'après un système spécial, le même dont la première application avait été ébauchée aux mines de Bert. Ce système était admirablement approprié aux charbons schisteux de Saint-Chamond. Les expériences consignées dans notre Bulletin ont démontré que si on ne peut en obtenir des houilles très-pures, celles qu'on en retire sont bien suffisantes pour les besoins ordinaires de la vente, en même temps qu'on y le prix de revient le moins élevé, le plus faible déchet et les schistes les plus dépouillés de houille.

En 1852, fut repris, près de la gare de Saint-Chamond, un ancien puits, dit puits Saint-Luc, pour être creusé jusqu'à la rencontre de la grande masse de Rive-de-Gier; en 1857, fut décidée, pour le même objet, l'ouverture du puits Notre-Dame, au lieu de la Bréassière. Les belles études de M. Grüner avaient démontré que le système de Rive-de-Gier se prolongeait régulièrement sur toute l'étendue du bassin houiller du département de la Loire, et donnaient l'espérance que la grande masse se poursuivait elle-même avec la même régularité sous les étages supérieurs de Saint-Chamond et de Saint-Étienne. M. Ractmadoux attachait à ces recherches une grande importance; il en suivait le travail avec une sorte d'anxiété et une vive impatience d'obtenir un résultat satisfaisant. Malheureusement, au moins au puits Notre-Dame, le succès ne répondit pas à son attente; et plus grande avait été la première espérance, plus vive fut l'a-mertume d'avoir échoué. Pour nous, mineurs, qui savons par expérience ce que le sein de la terre garde encore de secrets et avec quelle hésitation la géologie pratique tâtonne dans les fouilles souterraines et la recherche des gisements minéraux, nous ne voyons là qu'un incident ordinaire qui ne peut en rien atténuer les mérites réels de l'ingénieur et de l'administrateur.

Il convient également de rappeler quel tact, inspiré par un grand cœur, il déployait dans le maniement des hommes, et comme il avait su se concilier l'attachement des ouvriers, tout en obtenant d'eux un excellent travail, une production économique. Il est vrai que, sans rien sacrifier des intérêts de sa Compagnie et des droits de la direction, et sans faire de vaines démonstrations, il avait toujours eu pour eux un grand esprit de justice et une sympathie vraie; ils le comprenaient bien et lui en savaient gré. Il fallait voir surtout avec quelle concorde, avec quelle confiance d'une part et quelle déférence de l'autre, se tenaient les réunions mensuelles de la Caisse de secours; comme tout se décidait ou se transigeait à la satisfaction unanime de la Compagnie et des réprésentants des ouvriers. Les préoccupations du directeur n'étaient pas moins vives et sincères pour tout ce qui se rapportait à l'instruction des adultes et des enfants des mineurs; il s'informait des progrès, constatait l'exactitude, accordait des récompenses aux plus méritants, et la Compagnie entrait largement dans la même voie par les subventions qu'elle accordait.

Dans ses relations privées, M. Ractmadoux était l'homme le plus charmant, toujours affable, toujours empressé à obliger les autres, émettant ses opinions avec réserve, les défendant sans emportement et sans aigreur contre les opinions contraires, d'ailleurs exempt d'amour-propre, et doué d'un jugement droit, d'un esprit tolérant et libéral. Son premier abord était sympathique; une douce bonhomie, qui n'excluait pas la distinction; et on le recherchait d'autant plus affectionné qu'on était mieux à

portée d'apprécier son caractère, de connaître le fond de sa bonne et loyale nature. Il a eu beaucoup d'amis; on serait étonné qu'il ait eu des ennemis.

Les égards que la Compagnie eût pour lui pendant le cours de sa maladie montrent bien en quelle haute estime elle le tenait; et l'annonce de sa mort affecta douloureusement tous ceux qui l'avaient connu.

Il avait vaillamment supporté les épreuves d'une carrière laborieuse; et, touchant déjà à l'âge de soixante ans, il se tenait encore ferme et robuste, aimant les longues marches au grand air et les excursions dans les montagnes. C'est dans une de ces excursions, entreprise pour visiter le tunnel de Modane, où le poussait la curiosité de son esprit avide de connaître, qu'il fut surpris par la pluie, et que, brisé par la fatigue et la faim, il ne trouva d'abri et de nourriture que fort tard dans la soirée. La secousse fut trop forte pour sa constitution; et il y prit le germe de la maladie qui devait l'emporter trois ans plus tard.

Il s'éteignit longuement, et ce fut pour lui une amertume que de sentir la vie l'abandonner, quand il avait encore à mener à terme plusieurs des projets qu'il avait conçus. Il ne nous appartient pas de pénétrer dans l'intimité du foyer, et de chercher quelles consolations il trouva dans une famille qui l'entourait d'une si vive affection.

Mais nous pouvons dire que depuis longtemps il s'était préparé à envisager la mort d'un œil calme, en méditant les destinées mystérieuses qui nous attendent dans l'autre vie, en apportant à ces recherches une conviction ardente en l'immortalité et une inébranlable franchise; et en justifiant le mot de Vauvenargues : « les grandes pensées viennent du cœur. » Il a remis son âme avec confiance dans les mains de Dieu; il avait la conscience d'avoir pleinement et noblement rempli la tâche de la vie.

Rive-de-Gier, 1er juin 1866.

E. LESEURE.

Saint-Etienne, imp. de v^e Théolier aîné et Ce.

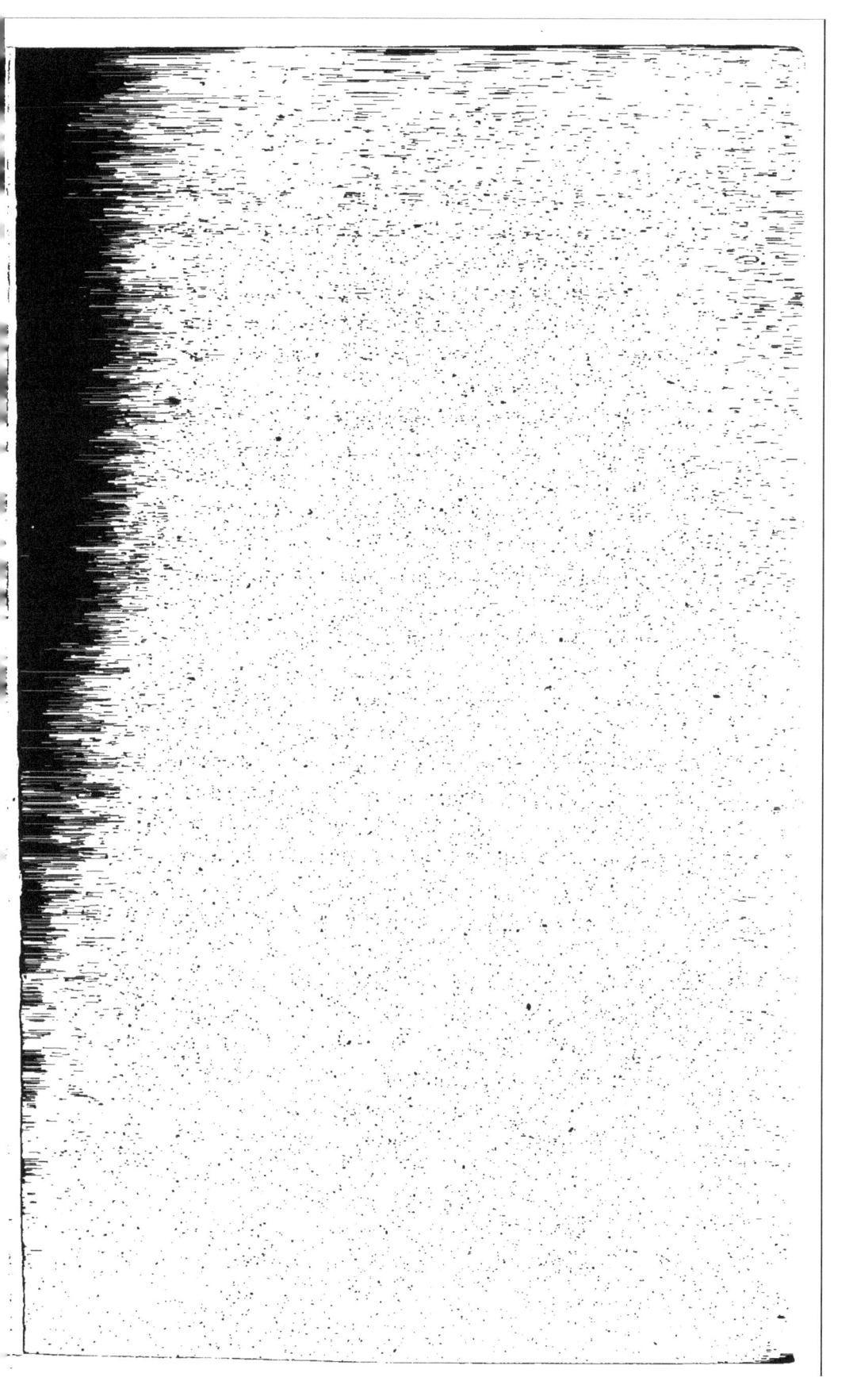

www.ingramcontent.com/pod-product-compliance
Lightning Source LLC
Chambersburg PA
CBHW061807040426
42447CB00011B/2523